Stories in easy Spanish
Level B1-B2 - Book 2
- WITH AUDIO -

Created for learners of Spanish as a foreign language

Download your audio:

Step 1: Go to Esidioma.com/extras

Step 2: Use the following code:

RLqQn

Do you need help? Contact us: info@Esidioma.com

Esidioma
esidioma.com

Índice

esidioma.com

Learn Spanish with us!
If you want to improve your language skills,
we have all you need

Copyright © Esidioma
Texts: José Antonio Santiago
Design: Esidioma Team
Images: pexels.com
ISBN - 978-84-16971-87-9
Legal Deposit - AS 02224-2024

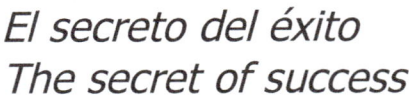

El secreto del éxito
The secret of success

Vocabulario

1. súbdito	subject (person ruled by a king)
2. instruido	educated
3. enriquecerse	to get rich
4. contiguo	adjacent
5. aliado	ally
6. poderoso	powerful
7. adinerado	wealthy
8. lingote	bar (gold bar)
9. reinado	reign
10. pobreza	poverty
11. rodearse	to surround oneself
12. reino	kingdom
13. destino	destiny
14. riqueza	wealth
15. influir	to influence
16. inesperado	unexpected
17. relato	account, report
18. majestad	majesty
19. sentenciar	to declare, to sentence
20. asombrado	astonished
21. éxito	success
22. admirar	to admire
23. oportunidad	opportunity
24. administrar	to manage
25. esperanza	hope

El secreto del éxito

En la sociedad de hoy en día, existe un debate aún sin resolver: ¿Cuál es el secreto del éxito? Esto mismo se preguntaba hace siglos un rey, al que todos admiraban por su habilidad para administrar su reino. Le gustaba conocer la opinión de sus súbditos, independientemente de su edad y profesión, y nunca perdía la oportunidad de buscar consejo incluso entre los menos instruidos.

Una vez, estando de visita en un pequeño pueblo, decidió conocer mejor a sus habitantes y escogió para ello a dos vecinos que vivían en casas contiguas. A pesar de su pobreza, ambos tenían la esperanza de enriquecerse algún día.

The secret of success

In today's society, there still exists an unresolved debate: What is the secret of success? A king, whom everyone admired for his ability to manage his kingdom, asked himself this very question. He liked to know the opinion of his subjects, regardless of their age and profession, and never missed the opportunity to seek advice, even among the least educated.

Once, while visiting a small town, he decided to get to know its inhabitants better and chose for this purpose two neighbours who lived in adjacent houses. Despite their poverty, both had hopes of getting rich someday.

—¿Dónde piensan ustedes que reside el secreto del éxito en la vida? —les preguntó el rey.

—El secreto está en tener amigos ricos. No hay nada como rodearse de aliados poderosos —afirmó con seguridad el primer vecino.

—Pues yo pienso que todo depende de la suerte. Sin ella, no se puede llegar a nada en esta vida. La buena fortuna es lo que decide nuestro destino —respondió convencido el segundo.

El rey recordó entonces que, al comienzo de su reinado, había obtenido su riqueza gracias a la ayuda de parientes y amigos adinerados. Por lo tanto, estaba más de acuerdo con el primer vecino, ya que la suerte no había influido en su vida. Sin embargo, quiso poner en marcha un experimento para confirmar su teoría, por lo que decidió regalar al primer vecino una tarta con una sorpresa en su interior: un lingote de oro lo suficientemente grande como para cambiarle la vida a

"Where do you think the secret of success in life lies?" the king asked them.

"The secret lies in having wealthy friends. There is nothing like surrounding yourself with powerful allies," the first neighbour stated confidently.

"Well, I think that everything depends on luck. Without it, you can't achieve anything in life. Good fortune is what decides our destiny," the second one replied with conviction.

The king then remembered that, at the beginning of his reign, he had obtained his wealth thanks to the help of wealthy relatives and friends. Therefore, he agreed more with the first neighbour since luck hadn't influenced his life. However, he wanted to set in motion an experiment to confirm his theory, so he decided to give the first neighbour a cake with a surprise inside: a gold bar big enough to change anyone's life. This way, the king would

cualquiera. De este modo, el rey demostraría que el éxito depende de tener amigos ricos dispuestos a ayudar.

Al cabo de unos meses, el monarca regresó al pueblo donde vivían los dos vecinos. Se encontró con ellos, les preguntó por su vida y se sorprendió al escuchar que el primero vivía como siempre, es decir, sin riquezas. Pero aún más inesperado fue el relato del segundo, el cual se había construido una casa preciosa y había puesto en marcha una pequeña empresa que estaba consiguiendo muchos clientes.

—¿Te llegó mi regalo? —preguntó el rey al primer vecino.

—Sí, majestad, muchas gracias. Pero, como no me gusta mucho el dulce, le vendí la tarta a mi vecino.

—¡Vaya! Parece que el éxito sí que depende de la buena suerte, —sentenció el rey asombrado.

prove that success depends on having wealthy friends willing to help.

After a few months, the monarch returned to the town where the two neighbours lived. He met with them, asked them about their lives, and was surprised to hear that the first neighbour lived as always, that is, without wealth. But even more unexpected was the account of the second one, who had built a beautiful house and set up a small business that was getting many clients.

"Did my gift reach you?" the king asked the first neighbour.

"Yes, Your Majesty, thank you very much. But as I don't like sweets very much, I sold the cake to my neighbour."

"Well, well! It seems that success does indeed depend on good luck," declared the astonished king.

Ejercicios

---

1 ¿Verdadero (V) o falso (F)?
True or false?

1. El rey buscaba consejo solo entre los más instruidos.
2. Los vecinos tenían la misma opinión sobre el éxito.
3. El rey había obtenido su riqueza gracias a la ayuda de parientes y amigos adinerados.
4. Al primer vecino no le llegó la tarta del rey.
5. El segundo vecino puso en marcha una pequeña empresa.
6. El primer vecino le vendió la tarta al segundo vecino.

2 Escoge la preposición correcta:
Choose the correct preposition:

1. Hoy **de / en** día existe un debate aún **de / sin** resolver.
2. **Al / Por** cabo de unos meses, el monarca regresó al pueblo.
3. El secreto está **con / en** tener amigos ricos y rodearse **por / de** aliados poderosos.
4. Yo pienso que todo depende **de / a** la suerte. Sin ella, no se puede llegar **de / a** nada en esta vida.
5. El rey estaba más **en / de** acuerdo con el primer vecino porque la suerte no había influido **a / en** su vida.
6. El rey quiso poner **a / en** marcha un experimento.

3 Completa las frases con las siguientes palabras:
Complete the sentences using the following words:

fortuna / súbditos / lingote / habilidad /
relato / reside / reino / destino

1. ¿Dónde _____ el secreto del éxito en la vida?
2. La buena _____ es lo que decide nuestro _____ .
3. Le regaló una tarta con un _____ de oro dentro.
4. El rey quería conocer la opinión de sus _____ .
5. Todos le admiraban por su _____ para administrar su _____ .
6. Aún más inesperado fue el _____ del segundo vecino.

4 Combina las columnas:
Combine both columns:

1. Los vecinos vivían en casas   a. interior
2. Ambos tenían la esperanza de   b. contiguas
3. El monarca tenía amigos   c. instruidos
4. La tarta tenía una sorpresa en su   d. enriquecerse
5. Buscaba consejo entre los menos   e. teoría
6. El rey quería confirmar su   f. adinerados

Soluciones

Ejercicio 1: 1-F, 2-F, 3-V, 4-F, 5-V, 6-V
Ejercicio 2: 1-en, sin, 2-Al, 3-en, de, 4-de, a, 5-de, en, 6-en
Ejercicio 3: 1-reside, 2-fortuna, destino, 3-lingote, 4-súbditos, 5-habilidad, reino, 6-relato
Ejercicio 4: 1-b, 2-d, 3-f, 4-a, 5-c, 6-e

Una buena escuela
A good school

Vocabulario

1. enfrentarse	to face, to confront
2. pareja	couple
3. enseñanza	education
4. decantarse	to opt, to choose
5. prestigioso	prestigious
6. papeleo	paperwork
7. encargarse	to be in charge, to take care
8. patio del colegio	schoolyard, playground
9. arrugado	wrinkled
10. burla	teasing
11. dirigirse	to head to, to approach
12. parar	to stop
13. prestar atención	to pay attention
14. desgastado	worn out
15. frágil	fragile
16. crío	kid
17. señalar	to point
18. dudar	to hesitate, to doubt
19. descuidada	run-down
20. darse por vencido	to give up
21. sugerir	suggest
22. gesto	gesture
23. barrio	neighbourhood
24. equivocarse	to be mistaken
25. probar suerte	to try one's luck

Una buena escuela

Encontrar un buen colegio es una de esas tareas a las que, tarde o temprano, se enfrentan todos los padres. Este fue el caso de una pareja que, durante meses, se había pasado el día informándose sobre diferentes escuelas, en busca de la mejor enseñanza posible para su hijo.

Finalmente, se decantaron por un colegio muy prestigioso, hicieron el papeleo correspondiente y esperaron impacientes el comienzo del curso. El primer día, fue el abuelo quien se encargó de llevar al niño a la escuela, ya que sus padres tenían que trabajar. Nada más llegar al patio del colegio, unos niños empezaron a reírse del anciano y de su rostro arrugado.

A good school

Finding a good school is one of those tasks that, sooner or later, all parents face. This was the case for a couple who, for months, had spent their days gathering information about different schools in search of the best possible education for their child.

Finally, they opted for a very prestigious school, completed the necessary paperwork, and eagerly awaited the start of the school year. That day, it was the grandfather who was in charge of taking the child to school since his parents had to work. As soon as they arrived at the schoolyard, some children began to laugh at the old man and his wrinkled face.

A pocos metros de ahí, un profesor, que decidió no prestar mucha atención a las burlas, avisó de que ya era la hora de entrar a clase. Mientras todos los niños dirigían sus pasos hacia el interior del edificio, el abuelo paró a su nieto.

—Este no es el tipo de escuela que necesitas. Nos vamos a casa. Voy a encontrarte algo mejor.

El anciano dejó a su nieto al cuidado de la abuela y se puso a recorrer las escuelas de la ciudad. En cada una de ellas, se concentró en observar la reacción de los niños al verlo. Hay que decir que el hombre, desgastado por una larga vida de durísimo trabajo, tenía un aspecto extremadamente frágil y vulnerable. En algunos colegios, los críos se reían de él y lo señalaban con el dedo, mientras que en otros, simplemente no le prestaban atención. Cuando estaba a punto de darse por vencido, se encontró con una escuela vieja y descuidada y entró al patio a probar suerte.

A few meters from there, a teacher, who decided not to pay much attention to the teasing, warned that it was time to go to class. While all the children headed inside the building, the grandfather stopped his grandson.

"This is not the type of school you need. We're going home. I'll find something better for you."

The old man left his grandson in the care of his grandmother and set out to visit the schools in the city. In each one of them, he focused on observing the children's reactions upon seeing him. It should be noted that the man, worn out by a long life of hard work, looked extremely fragile and vulnerable. In some schools, the kids laughed at him and pointed fingers, while in others, they simply ignored him. When he was about to give up, he came across an old, run-down school and entered the courtyard to try his luck.

—Hola, señor. ¿Está usted cansado? —preguntó un niño tras observar el lento caminar del viejo.

—Ahí hay un banco. ¿Quiere sentarse a descansar? —sugirió otro chico.

Al poco rato, un joven maestro hizo un pequeño gesto y los alumnos se fueron ordenadamente a sus respectivas aulas. El abuelo se dirigió a él:

—Buenos días. ¿Sería posible traer a mi nieto a esta escuela?

—Por supuesto —afirmó el maestro—. Pero como ve, el edificio es todo lo contrario a moderno. En este barrio hay opciones mucho mejores.

—Se equivoca. Su escuela es la mejor.

El abuelo contó lo ocurrido a los padres y estos no dudaron en llevar a su hijo a ese colegio donde, además de impartir educación, ayudan a que los niños se conviertan en buenas personas.

"Hello, sir. Are you tired?" said a boy after observing the old man's slow walk.

"There's a bench over there. Do you want to sit down and rest?" suggested another boy.

After a little while, a young teacher made a small gesture, and the students went orderly to their respective classrooms. The grandfather approached him:

"Good morning. Would it be possible to bring my grandson to this school?"

"Of course," confirmed the teacher. "But as you can see, the building is the opposite of modern. In this neighbourhood, there are much better options."

"You're mistaken. Your school is the best."

The grandfather told the parents what had happened, and they didn't hesitate to take their child to that school where, in addition to providing education, they help children become good people.

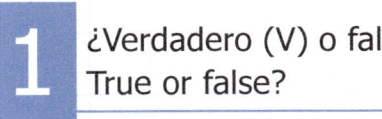

Ejercicios

1
¿Verdadero (V) o falso (F)?
True or false?

1. Los padres buscaban la mejor enseñanza para su hijo.
2. En el primer colegio el profesor castigó a los niños por hacerle burla al anciano.
3. El abuelo se puso a buscar un colegio mejor para su nieto.
4. En todos los colegios los niños lo señalaban con el dedo.
5. En la escuela vieja había un maestro joven.
6. Los padres no dudaron en llevar a su hijo al colegio viejo.

2
Escoge la preposición correcta:
Choose the correct preposition:

1. Se decantaron **de / por** un colegio muy prestigioso.
2. El abuelo se encargó **a / de** llevar al niño a la escuela.
3. El profesor decidió no prestar atención **a / en** las burlas.
4. "¿Está cansado?" —preguntó un niño **después / tras** observar el lento caminar del viejo.
5. Los críos se reían **de / por** él y lo señalaban **con / por** el dedo.
6. Cuando estaba **en / a** punto de darse **por / de** vencido, se encontró **entre / con** una escuela vieja y descuidada.

3 Completa las frases con las siguientes palabras:
Complete the sentences using the following words:

gesto / rato / cuidado / enfrentan /
pasos / recorrer / desgastado / respectivas

1. Los niños se fueron ordenadamente a sus _____ aulas.
2. Todos dirigían sus _____ hacia el interior del edificio.
3. El anciano dejó a su nieto al _____ de su abuela y se puso a _____ las escuelas de la ciudad.
4. El hombre estaba _____ por una larga vida de trabajo.
5. Al poco _____ , un joven maestro hizo un pequeño _____ .
6. Todos los padres se _____ a esta tarea tarde o temprano.

4 Combina las columnas:
Combine both columns:

1. El anciano tenía un aspecto   a. moderno
2. Hicieron el papeleo   b. arrugado
3. Empezaron a reírse de su rostro   c. frágil
4. El edificio es todo lo contrario a   d. ocurrido
5. Les contó a los padres lo   e. suerte
6. Entró al patio a probar   f. correspondiente

Soluciones

Ejercicio 1: 1-V, 2-F, 3-V, 4-F, 5-V, 6-V
Ejercicio 2: 1-por, 2-de, 3-a, 4-tras, 5-de, con, 6-a, por, con
Ejercicio 3: 1-respectivas, 2-pasos, 3-cuidado, recorrer, 4-desgastado, 5-rato, gesto, 6-enfrentan
Ejercicio 4: 1-c, 2-f, 3-b, 4-a, 5-d, 6-e

Diferentes puntos de vista
Different points of view

Vocabulario

1. atravesar	to pass through
2. tirar	to pull
3. flaco	thin
4. vergüenza	shame
5. bajarse	to get off, to dismount
6. agotamiento	exhaustion
7. desmayarse	to faint
8. cuerda	rope
9. aupar	to help up
10. trecho	distance, stretch
11. obligar	to make somebody do sth, to force
12. mayor	senior
13. incómodo	uncomfortable
14. reanudar	to resume
15. respeto	respect
16. criatura	creature
17. torturar	to torture
18. viandante	passerby
19. ruborizarse	to blush
20. apenas	hardly
21. inútil	useless
22. opinar	to give one's opinion
23. escapar	to escape
24. merecerse	to deserve
25. criticar	to criticise

Diferentes puntos de vista

Un padre y su hijo estaban atravesando un pueblo de camino al mercado. El hombre iba montado a caballo, mientras que el joven caminaba al lado y tiraba del animal con una cuerda.

—¡Pobre muchacho! —se escuchó decir a una mujer—. Está tan flaco que apenas puede tirar del caballo. Y mientras tanto, su padre ni se inmuta. Oiga señor, ¿no le da vergüenza? Bájese del caballo y ayude un poco. Como el chico no descanse, se va a desmayar de agotamiento.

El padre no supo que responder, pero comprendió que la mujer tenía toda la razón del mundo. ¡Qué poco

Different points of view

A father and his son were passing through a village on their way to the market. The man was riding a horse while the young boy walked alongside and was pulling the animal with a rope.

"Poor boy!" a woman's voice was heard. "He's so thin that he can barely pull the horse. Meanwhile, his father doesn't even flinch. Sir, don't you feel ashamed? Get off the horse and help a little. If the boy doesn't rest, he'll faint from exhaustion."

The father didn't know what to reply, but he understood that the woman was absolutely right. How

considerado había sido con su hijo! Nada más girar la siguiente esquina, se bajó del caballo y aupó a su hijo para que este fuera sobre el animal.

Padre e hijo continuaron un pequeño trecho, hasta que se oyó una nueva voz. Esta vez era un viejo que estaba sentado bajo un árbol.

—¡Eh, chico! Sí, tú, el que va a caballo. ¿Por qué obligas a tu padre a caminar? ¡Qué poco lo quieres! ¡Ya nadie respeta a sus mayores!

El hijo se sintió incómodo y pidió a su padre que se subiera al caballo junto a él. El hombre así lo hizo y reanudaron el camino, aunque no pasó mucho antes de sufrir una nueva interrupción.

—¡Pobre caballo! —espetó un tercer viandante—. ¿Cómo podéis torturar a esta criatura de semejante manera? Entre los dos le estáis rompiendo la espalda y lo vais a terminar matando. Pobrecito.

inconsiderate he had been with his son! As soon as they turned the next corner, he got off the horse and lifted his son so he would ride the animal.

Father and son carried on for a short distance until another voice was heard. This time it was an old man sitting under a tree.

"Hey, young man! Yes, you, the one riding the horse. Why do you make your father walk? You care very little about him! Nobody respects their seniors anymore!"

The son felt uncomfortable and asked his father to ride the horse with him. The man did so and they resumed their journey, but it wasn't long before they experienced another interruption.

"Poor horse!" blurted out a third passerby. "How can you torture this creature in such a way? The two of you are breaking its back, and you'll end up killing it. Poor thing."

El chico y su padre se ruborizaron. Les habían dado una buena lección sobre el respeto que merecen los animales. Así que no dudaron ni un instante en bajarse del animal y proseguir a pie. Pero, como era de esperar, apenas habían dado unos pasos, cuando se oyó una nueva protesta:

—¡Oigan! ¿Por qué van a pie con el calor que hace? ¿Es que el caballo no les puede llevar? ¡Qué animal más inútil!

El padre sonrió, dio al caballo un poco de comida y posó la mano sobre el hombro del chico.

—Ya ves, hijo mío, —dijo con un tono de resignación—. No importa lo que hagas en la vida, ya que siempre te encontrarás con alguien dispuesto a criticarte. A todo el mundo le gusta opinar y no hay forma de escapar de ello. Así que, haz siempre lo que creas que está bien y no prestes atención a las críticas.

The young man and his father blushed. They had received a valuable lesson about the respect animals deserve. So, they did not hesitate for a moment to get off the animal and continue on foot. However, as one could expect, they had hardly taken a few steps when they heard a new protest:

"Hey! Why are you walking in this heat? Can't the horse carry you? What a useless animal!"

The father smiled, gave the horse some food, and placed his hand on the boy's shoulder.

"You see, my son," he said with a tone of resignation, "It doesn't matter what you do in life as you'll always encounter someone willing to criticise you. Everyone likes to give their opinion, and there's no way to escape from it. So, always do what you believe is right and pay no attention to criticism."

Ejercicios

1 ¿Verdadero (V) o falso (F)?
True or false?

1. El padre y su hijo estaban atravesando un pueblo a pie.
2. El muchacho estaba flaco.
3. El hombre que estaba debajo del árbol, criticó al muchacho por obligar a su padre a caminar.
4. Al final, entre los dos, le rompieron la espalda al caballo.
5. El tercer viandante dijo que el animal era inútil.
6. El padre aconsejó a su hijo no prestar atención a las críticas.

2 Escoge la preposición correcta:
Choose the correct preposition:

1. El hijo tiraba **del / por el** animal **a / con** una cuerda.
2. ¿Cómo podéis torturar **a / de** esta criatura **a / de** semejante manera?
3. No dudaron **en / por** bajarse del animal y proseguir **a / de** pie.
4. Como era **por / de** esperar, se oyó una nueva protesta.
5. El padre aupó **a / de** su hijo para que este fuera **en / sobre** el animal.
6. Siempre te encontrarás **con / por** alguien dispuesto **de / a** criticarte.

3 Completa las frases con las siguientes palabras:
Complete the sentences using the following words:

espetó / sufrir / viandante / ruborizaron /
esquina / rompiendo / trecho / interrupción

1. Padre e hijo continuaron un pequeño _____ .
2. Nada más girar la siguiente _____ , se bajó del caballo.
3. No pasó mucho tiempo antes de _____ una nueva _____ .
4. "¡Pobre caballo!" —_____ un tercer _____ .
5. Entre los dos le estáis _____ la espalda.
6. El chico y su padre se _____ .

4 Combina las columnas:
Combine both columns:

1. El hombre iba montado a   a. opinar
2. El joven caminaba al   b. camino
3. A todo el mundo le gusta   c. caballo
4. Se va a desmayar de   d. agotamiento
5. Padre e hijo reanudaron el   e. lado
6. Lo vais a terminar   f. matando

Soluciones

Ejercicio 1: 1-F, 2-V, 3-V, 4-F, 5-F, 6-V
Ejercicio 2: 1-del, con, 2-a, de, 3-en, a, 4-de, 5-a, sobre, 6-con, a
Ejercicio 3: 1-trecho, 2-esquina, 3-sufrir, interrupción, 4-espetó, viandante, 5-rompiendo, 6-ruborizaron
Ejercicio 4: 1-c, 2-e, 3-a, 4-d, 5-b, 6-f

El estudiante
The student

34

Vocabulario

1.	frustrado	frustrated
2.	ausente	absent
3.	regresar	to return
4.	el extranjero	abroad
5.	personalidad	personality
6.	siglo	century
7.	tormenta	storm
8.	ofrecimiento	offer
9.	apresurarse	to hurry
10.	refugio	shelter
11.	codicia	greed
12.	ira	anger
13.	envidia	envy
14.	amistosamente	amicably
15.	calmado	calm
16.	habilidad	skill
17.	fiar	trust
18.	gentilmente	gently
19.	magnánimo	generous
20.	cortesía	courtesy
21.	entristecer	to sadden
22.	bondad	kindness
23.	en vano	in vain
24.	disparatado	absurd
25.	pícaro	cunning

El estudiante

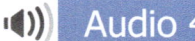

Hace un par de siglos, en una tierra lejana y olvidada, un joven a lomos de un caballo regresaba a casa tras siete años ausente. Había estado en el extranjero, en una prestigiosa universidad, estudiando una ciencia muy poco habitual: cómo identificar la personalidad de un individuo a través de su cara.

El viaje hasta su país era duro, pues requería varias semanas. Una tarde, el joven estaba atravesando un pequeño pueblo, cuando estalló una feroz tormenta, por lo que se apresuró a buscar un lugar en el que pasar la noche. Preguntó a varias personas hasta que finalmente, dio con un hombre que le ofreció refugio en su casa.

The student

A couple of centuries ago, in a distant and forgotten land, a young man on horseback was returning home after seven years of absence. He had been abroad, at a prestigious university, studying a very unusual science: how to identify an individual's personality through their face.

The journey to his country was tough, as it required several weeks. One afternoon, the young man was passing through a small village when a fierce storm broke out, so he hurried to find a place where he could spend the night. He asked several people until finally, he found a man who offered him shelter in his house.

El estudiante miró al desconocido y de inmediato creyó leer en su rostro codicia, ira y envidia. Sin embargo, sus gestos eran calmados y sonreía amistosamente. Por ello, a pesar de que las habilidades que había aprendido le decían que no se debía fiar del desconocido, decidió aceptar su ofrecimiento.

—Siéntete como en casa, —le dijo gentilmente el desconocido—. Mi casa no tiene lujos, pero es acogedora. Aquí está tu cama, y en la cocina hay carne y vino. Puedes coger todo lo que quieras.

La cortesía del hombre sorprendió y entristeció al estudiante a partes iguales. "Qué generosidad y bondad tan inesperada la de este hombre", empezó a reflexionar. "Me ha ofrecido todo lo que tiene con una amabilidad como no había visto en mucho tiempo. He estudiando siete años en vano, ya que no he sido capaz de leer la personalidad de este hombre tan magnánimo".

The student looked at the stranger and immediately believed he could read greed, anger, and envy on his face. However, his gestures were calm, and he smiled amicably. Therefore, despite the fact that the skills he had learned were telling him not to trust the stranger, he decided to accept his offer.

"Make yourself at home," the stranger said gently. "My house isn't luxurious, but it's cosy. Here's your bed and there's meat and wine in the kitchen. You can take whatever you want."

The man's courtesy surprised and saddened the student in equal parts. "What unexpected generosity and kindness from this man," he began to reflect. "He has offered me everything he has with a kindness I haven't seen in a long time. I've studied for seven years in vain because I haven't been able to read the personality of this generous man."

El joven se sentía tan frustrado, que no pudo pegar ojo en toda la noche. A la mañana siguiente, el hombre se le acercó y le entregó una nota.

—Aquí tienes la cuenta, —le informó con una mirada pícara— por todo lo que has comido y bebido, por la cama y por mis servicios.

—Pero, yo no tengo tanto dinero, —confesó el joven al leer la disparatada cifra ahí escrita—. No soy más que un estudiante.

—No te preocupes, podemos llegar a un acuerdo, —anunció el hombre mostrando un gran cuchillo—. Entrégame tu caballo y todo tu dinero.

—¡Con mucho gusto! Aquí tienes —dijo el estudiante con una amplia sonrisa.

—Pero, ¿por qué te has puesto tan contento? —el hombre no pudo esconder su sorpresa.

—Porque acabo de descubrir que mis siete años en la universidad no han sido en vano.

The young man felt so frustrated that he couldn't sleep all night. The next morning, the man approached him and handed him a note.

"Here's the bill," he informed him with a cunning look, "for everything you've eaten and drunk, for the bed, and for my services."

"But I don't have that much money," the young man confessed upon reading the absurd figure written there. "I'm just a student."

"Don't worry, we can come to an agreement," the man announced, showing a large knife. "Give me your horse and all your money."

"With pleasure! Here you go," said the student with a broad smile.

"But why are you so happy?" The man couldn't hide his surprise.

"Because I have just discovered that my seven years at university will be of great use to me for the rest of my life."

Ejercicios

1 ¿Verdadero (V) o falso (F)?
True or false?

1. El joven pasó siete años estudiando en el extranjero.
2. Tuvo que buscar refugio debido a una feroz tormenta.
3. El joven no pudo pegar ojo en toda la noche porque no tenía dinero para pagarle al hombre por sus servicios.
4. El joven leyó bondad en el rostro del desconocido.
5. El joven llegó a pensar que había estudiado en vano.
6. El hombre se sorprendió al ver la amplia sonrisa del joven.

2 Escoge la preposición correcta:
Choose the correct preposition:

1. Un joven **a / en** lomos de un caballo regresaba a casa **tras / por** siete años ausente.
2. Se apresuró **por / a** buscar un lugar **por / en** el que pasar la noche.
3. Dio **con / por** un hombre que le ofreció refugio en su casa.
4. La cortesía del hombre le sorprendió y entristeció **de / a** partes iguales.
5. No había visto tanta amabilidad **en / por** mucho tiempo.
6. No he sido capaz **a / de** leer la personalidad **en / de** este hombre tan magnánimo.

3
Completa las frases con las siguientes palabras:
Complete the sentences using the following words:

pegar / gentilmente / frustrado /
pícara / ofrecimiento / lujos / disparatada

1. El joven decidió aceptar su _____ .
2. Mi casa no tiene _____ , pero es acogedora.
3. El joven se sentía tan _____ , que no pudo
_____ ojo en toda la noche.
4. "Aquí tienes la cuenta", —le informó con una mirada ___ .
5. Ahí estaba escrita una cifra _____ .
6. "Siéntete como en casa", —le dijo _____ el desconocido.

4
Combina las columnas:
Combine both columns:

1. El joven había estado en el   a. vano
2. El viaje requería varias   b. extranjero
3. Una tarde, estalló una feroz   c. tormenta
4. El hombre le ofreció   d. semanas
5. Creyó leer en su rostro codicia y   e. envidia
6. He estudiado siete años en   f. refugio

Soluciones

Ejercicio 1: 1-V, 2-V, 3-F, 4-F, 5-V, 6-V
Ejercicio 2: 1-a, tras, 2-a, en, 3-con, 4-a, 5-en, 6-de, de
Ejercicio 3: 1-ofrecimiento, 2-lujos, 3-frustrado, pegar, 4-pícara,
5-disparatada, 6-gentilmente
Ejercicio 4: 1-b, 2-d, 3-c, 4-f, 5-e, 6-a

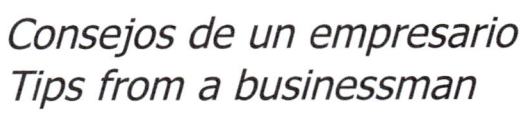

Consejos de un empresario
Tips from a businessman

Vocabulario

1. jubilado	retired
2. orilla	shore
3. pesca	fishing
4. ejemplar	specimen
5. interrogar	to ask, to interrogate
6. empresario	businessman
7. suponer	to guess, to suppose
8. bruscamente	abruptly
9. interrumpir	to interrupt
10. oficio	trade, profession
11. mentalizarse	to prepare oneself mentally
12. satisfecho	satisfied
13. rentable	profitable
14. negocio	business
15. contratar	to hire
16. silueta	silhouette
17. divisar	to spot
18. retirarse	to retire
19. obvio	obvious
20. gestionar	to manage
21. rutina diaria	daily routine
22. arrogancia	arrogance
23. francamente	really, honestly
24. dedicar	to dedicate
25. barca	boat

Consejos de un empresario

Un hombre de negocios, ya jubilado y con mucho tiempo libre, paseaba por la orilla del mar, cuando divisó la silueta de un pescador. Justo cuando pasaba junto a él, vio cómo sacaba un pez enorme.

—¡Qué ejemplar tan hermoso! Felicidades. ¿Cuánto tiempo se necesita para pescar algo así?

—Depende. Pero, más o menos, unas dos horas, —respondió el pescador mientras recogía sus cosas.

—Pero, ¿adónde vas? ¿No te quedas a seguir pescando? —interrogó sorprendido el empresario.

—¿Para qué? Con esto tenemos suficiente para comer todos en casa.

—Pero si solo son las diez de la mañana. ¿Qué vas a hacer el resto del día?

Tips from a businessman

A businessman, who was already retired and had plenty of free time, was walking along the seashore when he spotted the silhouette of a fisherman. Just as he passed by him, he saw the fisherman catching a huge fish.

"What a beautiful specimen! Congratulations. How long does it take to fish something like that?"

"It depends. But, more or less, about two hours," the fisherman replied as he packed up his things.

"But where are you going? Aren't you staying to continue fishing?" the businessman asked, surprised.

"What for? We have enough to feed everyone at home with this."

"But it's only ten in the morning. What will you do for the rest of the day?"

—Pues ahora, cuando llegue a casa, supongo que jugaré con mis hijos un rato y luego me pondré a cocinar con mi mujer. Después de comer, suelo dormir la siesta. Por la tarde, siempre quedamos con amigos o vamos a dar un paseo con los niños, así que algo de eso haremos hoy. Después de cenar, ya veremos qué nos apetece: jugar a las cartas, leer algo, tocar la guitarra...

Mientras el pescador explicaba su rutina diaria, el empresario lo observaba con arrogancia. En un momento dado, lo interrumpió bruscamente:

—¡No, no, no! Lo estás haciendo francamente mal. Mira lo que tienes que hacer. Para empezar, debes dedicar más horas a tu oficio, así que empieza a mentalizarte con que debes pescar al menos doce horas al día. Ya verás como dentro de unos meses vas a poder comprarte una barca.

—¿Y después? —preguntó el pescador.

"Now, when I get home, I guess I'll play with my children for a while, and then I'll cook with my wife. After lunch, I usually take a nap. In the afternoon, we always meet up with friends or take a walk with the kids, so we'll do something like that today. After dinner, we'll see what we feel like doing: playing cards, reading something, playing the guitar..."

As the fisherman explained his daily routine, the businessman observed him arrogantly. At one point, he interrupted him abruptly:

"No, no, no! You're doing it really wrong. This is what you have to do. To start with, you should dedicate more hours to your trade, so prepare yourself mentally to fish at least twelve hours a day. You'll see that, in a few months, you'll be able to buy a boat."

"And then?" the fisherman asked.

—Después, podrás pescar de un modo más eficiente y tu negocio será más rentable. En unos pocos años, si todo te va bien y trabajas duro, podrás comprar más barcas y contratar a otros pescadores.

—¿Y después?

—Después, te recomiendo irte de este pequeño pueblo a una gran ciudad para abrir una oficina y gestionar desde allí tu negocio de pesca.

—¿Y después?

—Ah, después, —respondió satisfecho el hombre de negocios—, después viene lo mejor. Podrás vender tu empresa por una buena suma, para poder retirarte como he hecho yo.

—¿Y después?

—Pues es obvio. Después, podrás dejar de trabajar, comprar una casa en un pequeño pueblo a la orilla del mar, y dedicar tu tiempo libre a lo que te venga en gana: jugar con tus nietos, pasear con tu esposa, quedar con amigos, tocar la guitarra…

"Then, you can fish in a more efficient way and your business will be more profitable. In a few years, if everything goes fine and you work hard, you can buy more boats and hire other fishermen."

"And then?"

"Then, I recommend you leave this small village and go to a big city to open an office and manage your fishing business from there."

"And then?"

"Oh, then," the businessman replied, satisfied, "then comes the best part. You can sell your company for a good sum, so you can retire just like I did."

"And then?"

"Well, it's obvious. Then, you can stop working, buy a house in a small village by the seashore, and spend your free time doing whatever you like: playing with your grandchildren, walking with your wife, meeting up with friends, playing the guitar..."

Ejercicios

1 ¿Verdadero (V) o falso (F)?
True or false?

1. El hombre de negocios quería jubilarse para dedicarse a la pesca.
2. A las diez de la mañana el pescador sacó un pez enorme.
3. El pez era suficiente para que comieran todos en su casa.
4. El empresario le explicó al pescador como ser más eficiente.
5. El pescador solía pasar poco tiempo con su esposa e hijos.
6. El empresario tenía envidia de la vida del pescador.

2 Escoge la preposición correcta:
Choose the correct preposition:

1. **Por / Para** empezar, debes dedicar más horas **a / en** tu oficio.
2. Empieza **de / a** mentalizarte **con / por** que debes pescar **al / de** menos doce horas **al / en** día.
3. Después **a / de** cenar, vamos a jugar **a / en** las cartas.
4. **De / En** un momento dado, lo interrumpió bruscamente.
5. **En / Con** unos pocos años, podrás contratar **con / a** otros pescadores.
6. Podrás hacer lo que te venga **de / en** gana y quedar **por / con** tus amigos.

3

Completa las frases con las siguientes palabras:
Complete the sentences using the following words:

pesca / orilla / rentable / divisó
gestionar / suelo / suma / francamente

1. Lo estás haciendo _____ mal.
2. Tu negocio será más _____ y podrás comprar más barcas.
3. Te recomiendo irte a una gran ciudad y _____ desde allí tu negocio de _____ .
4. Cuando paseaba por la _____ del mar, _____ una silueta.
5. Podrás vender tu empresa por una buena _____ .
6. Después de comer, _____ dormir la siesta.

4

Combina las columnas:
Combine both columns:

1. El hombre de negocios estaba   a. barca
2. El pescador explicaba su rutina   b. arrogancia
3. Vas a poder comprarte una   c. jubilado
4. Podrás pescar de un modo más   d. retirarte
5. El empresario lo observaba con   e. diaria
6. Podrás vender tu empresa para   f. eficiente

Soluciones

Ejercicio 1: 1-F, 2-V, 3-V, 4-V, 5-F, 6-F
Ejercicio 2: 1-Para, a, 2-a, con, al, al, 3-de, a, 4-En, 5-En, a, 6-en, con
Ejercicio 3: 1-francamente, 2-rentable, 3-gestionar, pesca, 4-orilla, divisó, 5-suma, 6-suelo
Ejercicio 4: 1-c, 2-e, 3-a, 4-f, 5-b, 6-d

Un traje impresionante
An impressive suit

Vocabulario

1.	confeccionar	to make, to craft
2.	traje	suit
3.	sastre	tailor
4.	medida	measurement
5.	plazo	deadline
6.	efectivamente	indeed
7.	pasmado	speechless
8.	convencer	to convince
9.	manga	sleeve
10.	caballero	sir, gentleman
11.	amablemente	kindly
12.	inclinarse	to lean
13.	longitud	length
14.	inconveniente	issue, inconvenience
15.	sumamente	extremely
16.	percatarse	to notice
17.	grave	serious, severe
18.	apretar	to be tight, to squeeze
19.	ancho	thick, wide
20.	obedecer	to obey
21.	respiración	breath
22.	estrecho	tight
23.	surgir	to arise
24.	abrochar	to button up
25.	defecto	defect

Un traje impresionante

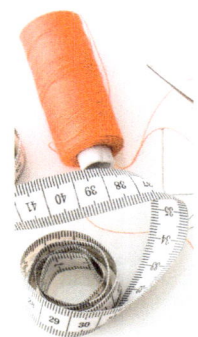

Un hombre, cansado de llevar siempre el mismo viejo traje, decidió acudir a un prominente sastre para que le confeccionara uno nuevo que siguiera la moda del momento. Tras tomarle las medidas, el sastre le pidió que volviera en dos semanas y, una vez cumplido el plazo, todo estaba listo. El hombre, ayudado por el sastre, se vistió y, de inmediato, se quedó pasmado ante el espejo: ¡El traje era impresionante!

Sin embargo, el hombre notó que algo no estaba del todo bien y así lo hizo saber:

—Disculpe, pero yo diría que la manga derecha es más corta que la izquierda.

An impressive suit

A man, tired of always wearing the same old suit, decided to go to a prominent tailor so he could make him a new one that followed the fashion of the moment. After taking his measurements, the tailor asked him to come back in two weeks and, once the deadline was over, everything was ready. The man, assisted by the tailor, got dressed and immediately stood speechless in front of the mirror: The suit was impressive!

However, the man noticed that something wasn't quite right and mentioned it:

"Excuse me, but I would say that the right sleeve is shorter than the left one."

—No, caballero. No es que la manga sea corta, es que su brazo es demasiado largo —indicó amablemente el sastre—. Inclínese hacia la derecha y verá que la manga posee la longitud adecuada.

El hombre, siguiendo las indicaciones, se inclinó hacia la derecha y, efectivamente, la manga ya no parecía tan corta. ¡Menudo traje más impresionante! No obstante, se percató de que el cuello del traje le apretaba un poco.

—El cuello del traje está bien —explicó el sastre—. Lo que pasa es que usted tiene un cuello demasiado ancho. Incline la cabeza hacia la izquierda y verá.

El hombre obedeció y comprobó satisfecho que el cuello de su impresionante traje ya no era tan estrecho. A pesar de ello, surgió un tercer inconveniente: el hombre no lograba abrochar los botones de la chaqueta.

"No, sir. It's not that the sleeve is short, it's that your arm is too long," the tailor kindly pointed out. "Lean to the right, and you'll see that the sleeve has the appropriate length."

The man, following the instructions, leaned to the right, and indeed, the sleeve didn't seem so short anymore. What an impressive suit! However, he noticed that the suite collar was a bit tight.

"The suit collar is fine," explained the tailor. "What happens is that your neck is too thick. Tilt your head to the left, and you'll see."

The man obeyed and confirmed with satisfaction that the collar of his impressive suit wasn't so tight anymore. Nevertheless, a third issue arose: the man couldn't button up his jacket.

—¡Ah! Eso se debe a que está usted demasiado gordo —argumentó el sastre—. Aguante la respiración e intente abrocharse de nuevo.

El hombre contuvo la respiración y, en efecto, pudo abrochar la chaqueta. Así, poco a poco, el sastre fue convenciendo al hombre de que las imperfecciones del traje eran, en realidad, defectos de su cuerpo. Al final, pagó por el traje y salió a la calle adoptando una postura sumamente incómoda que apenas le permitía caminar. Al cabo de un rato, dos mujeres pasaron a su lado. Cuando el hombre ya se había alejado y no podía escucharlas, una de ellas comentó a la otra:

—¡Pobre hombre! Me da la sensación de que padece algún tipo de enfermedad grave. A duras penas puede caminar.

—Tienes razón —afirmó la otra—. Pero, ¿te has fijado en su traje? ¡Es impresionante!

"Oh! That's due to the fact that you're too fat," argued the tailor. "Hold your breath and try to button it up again."

The man held his breath, and indeed, he managed to button his jacket up. Thus, little by little, the tailor convinced the man that the imperfections of the suit were, in reality, defects of his body. In the end, he paid for the suit and went out on the street, adopting an extremely uncomfortable posture that barely allowed him to walk. After a while, two women passed by his side. When the man had moved away, and couldn't hear them anymore, one of them told the other:

"Poor man! I have the feeling that he suffers from some serious illness. He can hardly walk."

"You're right," the other agreed. "But, did you notice his suit? It's impressive!"

Ejercicios

1
¿Verdadero (V) o falso (F)?
True or false?

1. El hombre quería un traje que siguiera la moda del momento.
2. El sastre no tomó bien las medidas y no cumplió el plazo.
3. El hombre se quedó pasmado de lo mal que le quedaba el traje.
4. La manga derecha era más corta que la izquierda.
5. El hombre apenas podía caminar por un problema de salud.
6. A la mujer le pareció que el traje era impresionante.

2
Escoge la preposición correcta:
Choose the correct preposition:

1. Un hombre, cansado **de / por** llevar siempre el mismo viejo traje, decidió acudir **con / a** un prominente sastre.
2. El hombre, ayudado **con / por** el sastre, se vistió y, **de / por** inmediato, se quedó pasmado **delante / ante** el espejo.
3. Poco **a / en** poco, el sastre fue convenciendo **al / del** hombre **con / de** que su cuerpo tenía muchos defectos.
4. Se percató **en / de** que el cuello del traje le apretaba.
5. Eso se debe **de / a** que usted está demasiado gordo. Aguante la respiración e intente abrocharse **por / de** nuevo.
6. ¿Te has fijado **de / en** su traje? ¡Es impresionante!

62

3 Completa las frases con las siguientes palabras:
Complete the sentences using the following words:

pesar / menudo / plazo / imperfecciones
inconveniente / cuerpo / sumamente / cabo

1. Una vez cumplido el _____ , todo estaba listo.
2. A _____ de ello, surgió un tercer _____ .
3. ¡ _____ traje más impresionante!
4. Las _____ del traje eran defectos de su _____ .
5. Al _____ de un rato, dos mujeres pasaron a su lado.
6. Salió a la calle, adoptando una postura _____ incómoda.

4 Combina las columnas:
Combine both columns:

1. La manga posee la longitud   a. respiración
2. El cuello del traje le   b. adecuada
3. El hombre contuvo la   c. grave
4. A duras penas puede   d. apretaba
5. Padece algún tipo de enfermedad e. caminar
6. Incline la cabeza hacia la   f. izquierda

Soluciones

Ejercicio 1: 1-V, 2-F, 3-F, 4-V, 5-F, 6-V
Ejercicio 2: 1-de, a, 2-por, de, ante 3-a, al, de, 4-de, 5-a, de, 6-en
Ejercicio 3: 1-plazo, 2-pesar, inconveniente, 3-Menudo,
4-imperfecciones, cuerpo, 5-cabo, 6-sumamente
Ejercicio 4: 1-b, 2-d, 3-a, 4-e, 5-c, 6-f

Notas

Notas